LES

RUINES DE PARIS

EN 4875

IMP. E. HEUTTE ET Ce, A SAINT-GERMAIN

LES

RUINES DE PARIS

EN

1875

DOCUMENTS OFFICIELS ET INÉDITS

DEUXIÈME ÉDITION.

PARIS

LIBRAIRIE DE L'ÉCHO DE LA SORBONNE

7, RUE GUÉNÉGAUD, 7

1875

A SON EXCELLENCE

MONSIEUR

LE MINISTRE DE LA MARINE

ET DES COLONIES

A NOUMÉA (CALÉDONIE)

LES

RUINES DE PARIS

EN 4875

I

A Son Excellence Monsieur le Ministre de la Marine et des Colonies, à Nouméa (Calédonie).

En vue de Paris, le 20 mai 4875.

Monsieur le Ministre,

LA flottille d'exploration dont Votre Excellence a bien voulu me donner le commandement a accompli la première partie de sa tâche.

Si, comme le veut la tradition, Nouméa doit son origine à une colonie parisienne, j'ai retrouvé le berceau de nos ancêtres. J'ai retrouvé la plus belle, la plus riche, la plus célèbre, la plus somptueuse ville du vieux monde, car c'est en vue des ruines de Paris que j'écris cette dépêche. Elle sera remise à Votre Excellence par le lieutenant de vaisseau Inveniès, qui a eu la gloire de poser le pied, le premier, sur la terre que nous cherchions.

Le 10 mai, les vents ayant subitement tourné du sud-sud-est au sud-sud-ouest, la mer devint très-grosse, le baromètre descendit au-dessous de quatre-vingts millimètres, et une furieuse tempête dispersa les bâtiments de l'escadre. Mes craintes étaient d'autant plus grandes que les parages

dans lesquels je naviguais sont incon-
nus, et que ma frégate dérivait sous le
vent avec une vitesse de vingt-cinq
nœuds à l'heure. Bientôt, l'eau péné-
tra jusque dans les soutes, défonça les
claires-voies de la machine et menaça
d'éteindre les feux.

· A midi, étant par 34°37'46" de la-
titude nord et 42°24'40" de longitude
est, le vent s'abattit tout à coup, et
des courants rapides me portèrent vers
l'est, où nous apercevions la terre.
Deux de mes navires, la *Répertrix* et
l'*Eruo*, purent alors me rallier, et
nous avançâmes avec d'extrêmes pré-
cautions; la sonde accusait six brasses
seulement, et nous étions entourés
d'une prodigieuse quantité de rats,
qu'il fallut disperser à coups de fusil.
Enfin, vers deux heures, nous jetions

1.

l'ancre sur un très-bon fond de sable
fin, dans un port immense et sûr. Un
large fleuve y versait lentement ses
eaux, et sur la côte, aussi loin que la
vue pouvait s'étendre, un rideau d'arbres touffus nous dérobait l'horizon. Je
donnai l'ordre de réunir la flottille, et
me proposai de séjourner pendant
quelque temps dans cet endroit. Mon
équipage avait besoin de repos, nous
manquions depuis quinze jours de
viande fraîche, et l'aviso *Eureka*, que
je vous envoie, réclamait d'urgentes
réparations.

Je l'avoue, nous ne pensions guère,
à ce moment, être aussi près du but
de nos recherches. Kortambert, en
effet, dans les fragments géographi-
ques si savamment restitués par
M. Dartieu, dit d'une manière posi-

tive que Paris est situé à environ deux
cents kilomètres de la mer [1]. Mais,
il faut bien le reconnaître, nos érudits
et nos géologues sont loin, même
dans leurs hypothèses les plus har-
dies, d'avoir exagéré l'incroyable vio-
lence du cataclysme qui a bouleversé
tout le vieux monde, et auquel notre
petite île a eu seule le privilége d'é-
chapper.

Vers cinq heures, pendant que l'é-
quipage était à table, notre vue fut
attirée, du côté de la terre, par des
flammes et des tourbillons de fumée,
qui s'élevaient, à peu de distance de
nous, derrière le massif d'arbres. Je

1. Kortambert, *Fragments*, édition Dartieu,
liv. II, ch. 7, § 5. — Conf. Meissas et Michelot,
IV, 9, 11; Expilly, IX, 5, 3, et Malte-Brun,
VI, 4, 7.

fis aussitôt disposer un canot, et j'en-
voyai à la découverte douze hommes,
commandés par le lieutenant Inveniès.

Ils revinrent le soir, à neuf heures
dix-huit minutes, apportant des nou-
velles qui firent bondir d'espérance
tous nos cœurs.

A trois ou quatre kilomètres de la
côte, nos hommes avaient trouvé une
ville d'aspect misérable, et dont les
habitants, au nombre de deux mille
environ, paraissaient en proie à une
grande agitation. Les flammes que
nous avions aperçues de loin ache-
vaient leur œuvre, et trois ou quatre
demeures ne présentaient plus qu'un
monceau de décombres. Il était facile
de le voir, l'incendie avait précisément
choisi les moins étroites et les moins
pauvres; et, comme elles ne se trou-

vaient pas réunies sur le même point,
on eût pu croire qu'une volonté cri-
minelle les avait désignées à ses ra-
vages.

Les naturels accoururent au-devant
de nos marins, puis s'empressèrent
autour d'eux, parlant, criant tous à
la fois, s'escrimant pour les voir de
plus près, les contemplant avec une
avidité enfantine. Cinq minutes après
son arrivée, la petite troupe était en-
vironnée d'une foule compacte, dont
les regards curieux, l'attitude franche-
ment indiscrète n'avaient rien de me-
naçant. Quelques mots prononcés par
le lieutenant Inveniës furent aussitôt
compris, et on lui répondit dans une
langue qui a, comme la nôtre, de
frappantes analogies avec le français.

Les mœurs de cette peuplade, que

nous avons été depuis à même de
bien connaître, offrent d'étranges con-
trastes. Au sein de cette tribu sauvage,
qui semble avoir émergé du sol dans
ces régions inhabitées, chez ces barbares vêtus de peaux de bêtes, on re-
marque des vertus, des vices, des
goûts, des travers, des aspirations qui
sont en général le produit des civilisa-
tions raffinées.

Leur grande préoccupation est la
recherche du plaisir. Tout leur est
occasion de fête; sous le moindre
prétexte, ils se rassemblent au dehors
ou se réunissent les uns chez les autres
pour chanter, manger, boire, danser,
parler. Tout événement les occupe et
les amuse, tout spectacle les ravit.
Bruyants, bavards, mobiles, impressionnables, ils s'enthousiasment sans

réflexion, et se lassent aussi vite qu'ils
se sont engoués. L'amour-propre est
le plus saillant de leurs défauts. Tout
ce qui brille, tout ce qui reluit les attire
et les passionne; la vue des plumets,
des galons les affole. Avec cela, bons,
francs, hospitaliers, généreux, braves,
intelligents, fins, pleins de bon sens
même, tant qu'il ne s'agit pas du gouvernement de leur petite cité.

Par malheur, c'est là le sujet habi-
tuel de leurs entretiens, et le seul sur
lequel ils n'entendent point raillerie;
ils sont cependant parvenus à s'assu-
rer, au moyen du renversement pério-
dique de leurs chefs, des distractions
qui leur sont chères et le prétexte de
glorieux anniversaires. Sacrifiant tout
à la forme, ils se préoccupent plus du
titre que portera leur chef que de la

manière dont il les commandera.

Il y a d'ailleurs bien d'autres diffi-
cultés à résoudre pour organiser le
pouvoir chez une peuplade où tout le
monde brûle de commander, et où
personne ne consent à obéir. Les plus
modestes rêvent une fonction publique, qui leur livre au moins quelques
subalternes à gouverner; mais tous,
même les plus misérables et les plus
ignorants, se croient parfaitement
aptes à régir la tribu, parlent à tort et
à travers des affaires de la cité, émet-
tent des idées, des théories, des prin-
cipes aussi insensés que disparates, et
ne les voyant pas adoptés, se sentent
envahis par un impérieux désir de ré-
volte. Les habiles guettent l'occasion,
la saisissent à l'heure voulue, et en un
tour de main le chef est renversé. Ce

sont alors des cris de triomphe, des
réjouissances publiques, des prome-
nades sans fin par la ville ; on se féli-
cite, on se complimente, on s'em-
brasse.

Quand nos hommes arrivèrent, les
naturels étaient au soir d'un de ces
beaux jours, et les flammes aperçues
par nous provenaient de quelques
huttes qui avaient été incendiées dans
la bagarre. De ce fait, le chef dé-
trôné et ses deux principaux ministres
se trouvaient sans asile.

Le lieutenant apprit encore que ces
révolutions improvisées avaient lieu
deux ou trois fois par année. Mais,
lui dit-on, celle-ci serait certainement
la dernière, et une ère indéfinie de
calme et de concorde allait commen-
cer pour la peuplade. Elle venait, en

2

effet, d'adopter une forme de gouvernement qui limite à trente jours
l'exercice du pouvoir, et statue que
tous les mois la cité choisira un
nouveau chef; chaque citoyen devant
ainsi le devenir à son tour, vivra
en paix, bercé par cette douce espérance.

Cet expédient ingénieux, qui sem-
blerait devoir contenter tout le monde,
n'est point, paraît-il, un spécifique
aussi sûr qu'on serait porté à le
croire, et il a déjà été expérimenté
plus d'une fois sans succès. Tout va,
il est vrai, à peu près bien pendant
un mois; mais le chef en fonctions
refusant régulièrement de se retirer
à l'expiration de son mandat, il faut
toujours une révolution pour l'arra-
cher du trône.

Les femmes envient beaucoup aux
hommes le privilége de gouverner et
de faire des révolutions ; faute de
mieux, elles s'efforcent de dominer
dans la hutte, et y fondent souvent
un despotisme latent, mais incon-
testé. Impressionnables, passionnées
et nerveuses, elles se montrent tour
à tour bonnes, douces, caressantes,
aigres, taquines ou cruelles, suivant
l'état de l'atmosphère. Elles sont spi-
rituelles et fines, mais légères, futiles,
frivoles et d'une coquetterie effrénée.
Gracieuses, frêles, délicates, mais
affamées de plaisir, elles en suppor-
tent les fatigues avec une énergie
inconcevable. Le plaisir a pour elles
toutes un attrait instinctif que les plus
raisonnables sont parfois impuissantes
à combattre, et elles expriment les

besoins irrésistibles qu'entraîne cet
état par un mot qui n'existe pas dans
notre langue, le verbe pronominal
« se distraire »; quand une femme
parle de « se distraire », les maris
sages baissent la tête, et attendent que
l'accès soit passé.

Cette peuplade est fort attachée au
sol qu'elle occupe depuis un temps
immémorial, et très-fière de sa petite
cité. On se disputa l'honneur d'y
guider nos marins, qui durent la vi-
siter en tous sens, et rencontrèrent
partout l'accueil le plus cordial. On
leur vanta aussi la beauté des environs, et par-dessus tout, l'imposant
spectacle que présentaient les ruines
d'une ville immense, située à une
demi-lieue de là. Mais la journée était
trop avancée pour permettre une ex-

cursion immédiate; le lieutenant ramena donc ses hommes à bord, où leurs récits nous remplirent de surprise et de joie.

Dès le lendemain, je fis annoncer ma visite au nouveau chef que les naturels avaient choisi.

Je descendis à terre vers trois heures, accompagné de mon état-major. Des indigènes, envoyés au-devant de moi, nous frayèrent un passage à travers les masses pressées de la foule, et nous conduisirent jusqu'à la hutte occupée par le chef, où tout avait été disposé pour une réception solennelle. Des gardes, à mine hardie, en défendaient les abords, et l'éphémère souverain nous y attendait, entouré de ses ministres.

Il était couvert d'une ample peau

2.

de loup, toute constellée de coquil-
lages, de verroteries aux couleurs
variées, et de menus objets en cuivre
poli : boucles, anneaux, clous, agra-
fes, colliers, boutons, grelots. A sa
coiffure, composée d'aigrettes, de
plumes et de panaches, brillait une
écaille d'huître, dont la surface nacrée resplendissait au soleil. Je m'ef-
forçai de paraître ébloui par tant de
richesses, ce qui réjouit beaucoup le
chef, sans le surprendre. Ses ma-
nières ne manquaient cependant, ni
de dignité, ni de grâce, et il répondit,
sans le moindre embarras, au compli-
ment que je lui adressai.

Nous nous mîmes en route à pied,
suivis ou plutôt escortés par la ville
tout entière. Hommes, femmes, en-
fants, personne n'avait voulu man-

quer à la fête; et, dans de grossiers
chariots, étaient assis les malades et
les infirmes. Le chef remarqua ma
surprise, la prit sans doute pour de
la crainte, et chercha à me rassurer,
m'avouant d'ailleurs qu'aucune puissance humaine n'était capable, en
pareille circonstance, de retenir ses
sujets au logis. Pour toute réponse,
je quittai mon sabre, et j'ordonnai à
mes officiers d'en faire autant. Notre
pensée fut aussitôt comprise, et saluée
d'acclamations enthousiastes par cette
foule joyeuse, haletante de curiosité,
qui admirait les ornements dorés de
nos costumes, commentait nos moin-
dres gestes, et nous serrait de près,
se disputant un de nos regards.

Nous suivîmes pendant une demi-
heure environ les rives verdoyantes

du fleuve, dont la largeur paraît double au moins de ce qu'elle était du
temps des Français, si toutefois l'on
s'en rapporte aux estimations de Du
Laure et de Joanne [1]. Enfin nous
gravîmes une petite colline, et arrivés
au sommet, un même cri sortit de toutes nos poitrines; devant nous se dé-
roulait le plus imposant tableau qu'il
puisse être jamais donné à l'homme
de contempler. C'était bien Paris, nul
de nous n'en douta, ces ruines gran-
dioses étaient bien le tombeau de la
reine du vieux monde. Sa tête orgueil-
leuse plane encore au-dessus de ces
espaces désolés. Dans une vallée, dont

[1]. Du Laure, *Fragments*, I, 3, 26; Joanne
Extraits, VI, 9, 12. — Conf. Varberet et Magin,
IX, 2, 16; Mentelle, III, 7, 21; Max du Camp,
II, 27, 9.

nos yeux pouvaient à peine embras-
ser l'étendue, se dressaient pêle-mêle
des dômes, des colonnes, des porti-
ques, des flèches élancées, des com-
bles immenses, des frontons, des statues, des chapiteaux, des entable-
ments, des crêtes, des corniches; et à
notre gauche nous voyions se profi-
ler, fier et hardi sur le ciel noir, le
couronnement de l'arc triomphal élevé par un des derniers Poléons de la
France à la gloire de ses armées. Aucune secousse n'a donc ébranlé la
grande cité, et elle doit se retrouver
telle aujourd'hui qu'elle était il y a
deux mille ans, à l'heure où s'est pré-
cipitée la gigantesque avalanche de
terre, de cendres et de sable sous laquelle elle est ensevelie.

Nous restâmes longtemps pensifs,

absorbés dans une contemplation muet-
te. Le silence s'était fait autour de
nous, comme si, quelque habitués que
nos hôtes fussent à cette vue, sa gran-
deur produisait toujours sur eux un
indéfinissable effet de terreur et de
vertige. Ils ignoraient, pourtant, que
de richesses, que de merveilles, que
de souvenirs gisaient sous ces monceaux de sable, sous cette plaine aride,
où ne croît qu'une herbe chétive et
jaunie. Ils disent qu'il n'y pleut jamais et que le ciel y reste toujours
voilé; une crainte superstitieuse les
empêche d'y mener paître leurs trou-
peaux, et le plus brave n'oserait s'y
aventurer la nuit. Ils racontent que,
certains soirs d'orage, la vie semble
se réveiller dans ces abîmes. Des my-
riades de lueurs phosphorescentes ra-

sent le sol, et des bruits confus reten-
tissent dans les entrailles de la terre.
Les marteaux retombent sur l'en-
clume, les machines sifflent, les mé-
tiers crient, les chevaux hennissent,
les chariots roulent lourdement sur le
pavé. Les éclats de rire se mêlent aux
sanglots étouffés, les plaintes doulou-
reuses aux ricanements moqueurs, les
blasphèmes aux chastes prières. On
entend les clameurs de l'orgie et les
soupirs des vierges, les imprécations
et les cantiques sacrés, les grincements
de dents et les chants joyeux, les gé-
missements sourds, les cris désespérés
et le murmure des voix amoureuses,
le cliquetis des chaînes et le bruit des
baisers, les monceaux d'or qui s'écrou-
lent et les râlements de la faim. Puis
tout à coup les appels stridents du clai-

ron résonnent; et, dominant le tu-
multe, faisant baisser toutes les têtes,
la voix grave de milliers d'orgues s'é-
lève, et lance dans l'espace des sym-
phonies funèbres qui semblent annoncer les funérailles de tout un monde.
Alors peu à peu les feux s'éteignent,
le silence renaît, et la mort reprend
possession de son empire.

Il dépend de vous, Monsieur le Ministre, qu'une partie de ces rêves de-
viennent des réalités. Mais, vous le
comprendrez, et l'esprit si élevé de
l'Empereur ne peut manquer de s'as-
socier à votre pensée, pour qu'un ré-
sultat rapide et complet soit obtenu,
il faut que les moyens dont je dispo-
serai répondent à l'importance du but
que nous nous serons proposé.

J'ai l'honneur d'être avec respect,

de Votre Excellence,

Monsieur le Ministre,

le très-humble, très-dévoué et très-
obéissant serviteur,

Amiral baron QUÉSITOR.

A MONSIEUR

L'AMIRAL BARON QUÉSITOR

COMMANDANT
LES FORCES MARITIMES CALÉDONIENNES
DANS LES MERS FRANÇAISES

II

MINISTÈRE DE LA MARINE
ET
DES COLONIES

—

CABINET
DU
MINISTRE

—

N° 8727

N. B. Rappeler ce numéro
en marge de la réponse.

Nouméa,
le 29 juin 1875.

Monsieur l'Amiral,

'AI eu l'honneur de communiquer à l'Empereur la dépêche datée de Paris que vous m'avez adressée le 20 mai dernier.

3.

Sa Majesté a bien voulu me charger de vous transmettre ses félicitations, et Elle a daigné signer hier le décret qui, sur ma proposition, vous élève au grade de grand-croix dans l'ordre impérial du Faucon vert.

Sa Majesté désire que le déblaiement des ruines de Paris commence sans retard et soit poursuivi avec toute la rapidité possible. Dans cette intention, Elle place sous vos ordres deux régiments d'infanterie de ligne et trois régiments du génie militaire, formant un effectif de 5,222 hommes, qui seront embarqués dès les premiers jours du mois prochain.

L'intendance met, en outre à votre disposition :

10,321 pioches.

9,814 pelles.

2,503 pinces.

1,001 pics.

6,062 balais de bouleau.

3,602   —   de bruyère.

1,025   —   de crins.

6,206 brouettes.

1,309 tombereaux.

807 guérites.

1,206 wagons de terrassement.

301,837 kilos de rails.

12,004 traverses.

203,128 coussinets.

711,902 boulons.

127 niveaux d'eau.

142 mires.

59 plaques tournantes.

24 grues à vapeur.

19 balayeuses mécaniques.

201 locomobiles.

99 locomotives.

163 appareils télégraphiques.

307 disques.

29 boussoles.

4,721 poteaux.

11,111 kilos de fil de fer.

122 ânes.

603 mulets.

3,001 chevaux.

13 photographies.

Il a été décidé qu'une commission scientifique serait attachée à l'expédition. Elle est composée de trois membres de l'académie des Beaux-Arts, trois membres de l'académie des Inscriptions et Belles-Lettres, et trois membres de l'académie des Sciences. Vous traiterez, je n'en doute pas, ces vénérables savants avec tous les égards qui leur sont dus, et vous vous inspirerez de leur expérience et leurs conseils.

Recevez, Monsieur l'Amiral, l'assurance de ma considération la plus distinguée.

Le Ministre de la marine et des colonies,

Comte A. STATARIE.

A SON EXCELLENCE
MONSIEUR LE MINISTRE
DE L'INSTRUCTION PUBLIQUE
DES CULTES
ET DES BEAUX-ARTS

A NOUMÉA (CALÉDONIE)

III

A Son Excellence Monsieur le Mi-
nistre de l'Instruction publique,
des Cultes et des Beaux-Arts, à
Nouméa (Calédonie).

Paris, le 30 novembre 4875.

Monsieur le Ministre,

A commission scientifique chargée par Votre Excellence d'ex-
plorer les ruines de Paris a longtemps

+

gardé le silence, laissant à M. l'a-
miral Quésitor le soin de tenir le ministère au courant de tous les détails de l'expédition. Nous désirions
ne vous adresser notre premier rapport, que quand les résultats obtenus
seraient de nature non·seulement à
satisfaire la curiosité du public, mais
encore à fixer l'attention des archéo-
logues,

Le moment est venu aujourd'hui, et
c'est à moi qu'est échu l'honneur de
représenter la commission auprès de
Votre Excellence.

Aucun incident n'a troublé notre
traversée, qui a été trop rapide pour
nous permettre en route de bien im-
portantes observations. Le 21 août,
nous entrions dans le port, et, moins·
de trois semaines après, une double

ligne de rails reliait les ruines à la
mer, tout le matériel était débarqué,
un camp immense s'étendait autour
de Paris, et le déblaiement commen-
çait.

L'agglomération géologique qui re-
couvre Paris est loin de présenter une
surface uniforme ; des sondages opé-
rés de distance en distance nous ont
permis de constater que si, sur certains
points, elle s'élève de trente-six mètres
au-dessus du sol primitif, elle s'abaisse
aussi parfois jusqu'à treize et quatorze
mètres. Elle est formée de couches
successives, mais qui se sont certainement superposées les unes aux autres
avec une rapidité prodigieuse. L'origine et la nature de ce bouleversement
resteront, selon toute apparence, des
problèmes toujours insolubles ; cepen-

dant la forme qu'ont revêtue les débris des corps organisés et la direction
qu'affectent les dépôts minéralogiques
révèlent à l'œil le moins exercé une
grande irruption venue du sud-est.

La masse entière peut se diviser en
deux parties bien distinctes.

La couche supérieure, qui ne dé-
passe nulle part cinq mètres, est composée de terre, de cendres et de sable,
formant trois lits d'épaisseur inégale.

La seconde couche recèle les élé-
ments les plus variés.

En descendant du sommet à la
base, on rencontre d'abord deux
bancs épais, l'un de quartz et l'autre
de marne ; ceux-ci reposent sur un
mince gisement de calcaire, auquel
succèdent deux puissantes assises de
schiste huîtreux et d'argile homardi-

fère. Ce dernier système est caracté-
risé par la présence d'une quantité
innombrable de coquilles d'huîtres et
de poissons fossiles, tous connus,
d'ailleurs, de nos ichthyologistes.
Nous y avons retrouvé, entre autres débris, ceux de l'*Anguilla tar-
tarea,* de l'*Astacus burdigalensis* et
du *Goujo friturius.*

La flore est assez riche, et elle nous
a offert, surtout dans les couches in-
férieures, quelques sujets intéressants
d'observations. Les espèces les plus
abondantes sont le laurier *(Laurus
militaris)* et le camélia *(Camellia
feminea),* très-souvent accompagnés
de pétrifications, parmi lesquelles on
distingue les feuilles du tabac *(Nico-
tiana cigaretica)* et de l'absinthe
(Ductaria Bicestriana).

4.

La faune ne nous a fourni l'occasion d'aucune découverte importante.
Cependant les ossements du *Canis
canichus* et ceux du *Felis gouttierius*
sont nombreux, et nous. avons recueilli une tête complète du *Lepus ci-
veticus ;* mais ces animaux sont
décrits déjà dans nos traités de pa-
léontologie.

Je me borne à énumérer ici les faits
les plus saillants qui ressortent de
nos observations ; ce rapide résumé
sera très-prochainement complété par
un mémoire détaillé que mon col-
lègue, M. E. de Beaupré, se propose d'adresser à l'académie des
Sciences. Les conclusions en sont for-
melles ; elles infirment quelques-unes
des données historiques admises jusqu'à présent, et donnent une solution

définitive à la querelle chronologique
qui divise depuis si longtemps les ar-
chéologues. M. de Beaupré démontre,
en effet, avec évidence, que la grande
révolution géologique par laquelle la
France a été anéantie s'est produite
vers le milieu du dix-septième siècle,
et au plus tard vers l'an 1700 de l'ère
chrétienne. On doit donc, sans hési-
ter, regarder comme falsifiés ou inter-
polés, dans les fragments conservés
d'auteurs français, tous les passages
qui semblent accorder à Paris une
plus longue existence.

Les ordres de l'empereur nous pres-
crivaient de déblayer, avant tout,
l'arc triomphal élevé sur la rive droite
de la Seine. Trois jours suffirent à ce
travail, et le glorieux monument sortit intact du linceul qui l'enveloppait

depuis trente siècles. Il nous fut alors donné d'admirer à loisir ce chef-d'œuvre de l'architecture antique, auquel, sans nul doute, s'adressent ces beaux vers de l'*Anthologie française* :

Lève-toi jusqu'aux cieux, porte de la [1] victoire!
 Que le géant de notre gloire
 Puisse passer sans se courber [2]!

Toutes les faces du monument sont revêtues de sculptures d'une conserva-

---

1. Ces trois mots étaient enlevés dans l'original et ils ont été ainsi restitués par M. Walken. On se rappelle la longue discussion qu'il a soutenue contre M. Laignes, qui préférait : « Portique de victoire. » On peut consulter sur ce point : *Lettre de M. Walken à M. Laignes, au sujet d'une épigramme attribuée à Victorugo et insérée dans le troisième volume de l'Anthologie française*, Nouméa, 3860, in-8°.

2. *Anthologie française*, t. III, ch. 1er, p. 286.

tion parfaite. Sous la voûte, haute de
vingt mètres, une multitude de noms
gravés dans la pierre étaient destinés
à conserver le souvenir des princi-
pales victoires remportées par les
Français; et sur trente boucliers pla-
cés autour de l'attique on lit les noms
de leurs généraux les plus illustres.
Nous avons établi sans peine cette
distinction si importante. Un fragment de Duruy renferme une liste,
des principaux chefs français [1], et
dans le nombre figurent les ducs de
Valmy, de Montebello et de Castiglione, dont nous avons retrouvé les
trois noms inscrits sur les boucliers.
Mais l'action du temps a rendu la
plupart de ces inscriptions illisibles, et

1. *Recueil général des historiens français,*
t. VIII, p. 117.

nous sommes loin d'avoir réussi à les déchiffrer toutes. Nous ne pouvons donc citer, parmi les batailles, que celles de :

KELLERMANN.

LANNÉS.

AUGEREAU.

NEY.

MASSÉNA.

LAFAYETTE.

KLÉBER.

DUMOURIEZ.

MURAT.

Et nous avons recueilli seulement les noms des généraux :

VALMY.

MONTEBELLO.

CASTIGLIONE.

ELCHINGEN.

AUSTERLITZ [1].

MARENGO.

WAGRAM.

ABOUKIR.

Cet arc triomphal et l'immense
avenue qui le précède composent
l'entrée la plus grandiose que l'ima-
gination ait jamais pu rêver pour une
capitale ; la réalité l'emporte ici sur
les récits fantastiques où sont célébrées
les merveilles de Babylone et de Ni-
nive.

Large de cent vingt mètres, ornée

1. Joanne (*Extraits*, V, IV, 109) nous ap-
prend que le nom de ce général fut donné à un
des ponts de Paris.

de parterres fleuris, de bassins et de
fontaines, ombragée d'arbres séculai-
res dont nous avons retrouvé les ra-
cines transformées en lignite, l'avenue s'étend à perte de vue, bordée
dans toute sa longueur de construc-
tions où le marbre et l'or ont été pro-
digués.

Mais, ici, une difficulté se présen-
tait. Comment expliquer qu'un nombre si considérable de demeures prin-
cières ait été réunies sur un même
point? Nous sommes arrivés à résoudre victorieusement cette question.

Garnier de Cassignac raconte, en
effet, qu'un des derniers souverains
de la France ayant dû reconquérir les
armes à la main le trône de ses ancêtres, récompensa le zèle des chefs
qui l'avaient aidé dans cette lutte par

le don d'habitations somptueuses [1].
N'est-il pas naturel de penser qu'elles
furent élevées aux environs du monument consacré à la gloire des guer-
riers français, et qu'elles en devinrent
en quelque sorte l'annexe? Nous hési-
tions cependant à admettre cette hypothèse, malgré les caractères de vrai-
semblance qu'elle présente, quand une
intéressante trouvaille épigraphique
vint lever tous nos doutes.

En fouillant le sol, vers l'extrémité
de l'avenue, un sapeur du génie dé-
couvrit une plaque indicative sembla-
ble à celles qui figurent à l'angle de
nos rues. Elle portait ces mots :

1. *Fragments de l'histoire dite du 2 décembre*, dans le *Recueil génér. l des historiens français*, t. IX, p. 314.

AVENUE
DES
CHEFS-ILLUSTRES.

La lumière était là, et elle ne tarda pas à luire à nos yeux. Une courte conférence nous suffit pour restituer les lettres effacées par le temps, et compléter l'inscription, qui doit évidemment être lue ainsi :

AVENUE
DES
CHEFS-ILLUSTRES.

L'avenue des Chefs-Illustres aboutit à une vaste place, autrefois décorée avec magnificence. Mais un seul

de ses ornements subsiste intact :
c'est une immense aiguille formée
d'une seule pierre, haute de vingt-
cinq mètres et entièrement couverte
de caractères que nous n'avons pu déchiffrer. Nous pensons qu'on doit y
reconnaître soit un *ex-voto*, soit un
monument religieux élevé à la mémoire des anciens *nautes* qui inau-
gurèrent le commerce par eau, resté
toujours si actif sur la Seine. La
situation de cette place au bord du
fleuve, un fragment d'inscription ainsi
conçu :

ERE DE LA MARINE

et les débris de nombreuses colonnes
rostrales, tout concourt, en effet, à dé-

montrer que les intérêts et les services
de la navigation fluviale se centrali-
saient en cet endroit.

Une précieuse découverte résulte de
ces constatations et de l'impossibilité
où nous sommes de comprendre un
seul mot à l'écriture symbolique dont
le monolithe est revêtu. Nous y
voyons la preuve que chez les Français, comme chez beaucoup d'autres
peuples de l'antiquité, les prêtres
avaient une langue spéciale, connue
des initiés seuls et inintelligible pour
le vulgaire. J'ajoute, fait dont la haute
portée n'échappera pas à Votre Excellence, que M. Nairan a cru reconnaître dans ces mystérieux caractères une vague ressemblance avec
l'écriture hiératique des Égyptiens
primitifs.

J'ai l'honneur d'être avec respect,

de Votre Excellence,

Monsieur le Ministre,

le très-humble, très-dévoué et très-obéissant serviteur,

L. LE ROUGE,

Membre de l'Institu',
Académie des Inscriptions et Belles-Lettres

A SON EXCELLENCE
MONSIEUR LE MINISTRE
DE L'INSTRUCTION PUBLIQUE
DES CULTES
ET DES BEAUX-ARTS
A NOUMÉA (CALÉDONIE)

IV

*A Son Excellence Monsieur le Mi-
nistre de l'Instruction publique,
des Cultes et des Beaux-Arts, à
Nouméa (Calédonie).*

Paris, le 28 décembre 4875.

Monsieur le Ministre,

EPUIS la date de son dernier
rapport, la Commission scientifique des ruines de Paris a pour-

suivi activement son œuvre. Mais
les gelées et les neiges sont venues
nous créer un obstacle assez sérieux,
et dix journées ont été employées à
installer, tant bien que mal, dans les
édifices déblayés, nos travailleurs,
jusqu'ici logés sous la tente.

Cependant, malgré la lenteur rela-
tive avec laquelle nous avançons main-
tenant, le chemin parcouru pendant
le mois de décembre nous a livré des
secrets précieux et aussi d'embarras-
sants problèmes.

En quittant la Place de la Navigation, on rencontre à gauche une voie
importante, qui est bordée d'un côté
par des maisons précédées d'arcades
couvertes, et de l'autre par un jardin
très-étendu dont nous n'avons pas encore atteint l'extrémité.

Nous savons par Max du Camp [1]
que les jardins étaient fort rares dans
l'enceinte de Paris ; notre première
pensée fut donc que cet immense espace avait dû servir de cimetière, et
les fouilles partielles, exécutées un peu
au hasard sur divers points, ont con-
firmé cette supposition.

Plusieurs tombes existent encore.
Dans celles que nous avons ouvertes,
toutes traces de corps organisés
avaient disparu sous l'action des siècles ; mais le groupe et la statue qui
surmontaient deux d'entre elles étaient
encore en parfait état de conservation.

Le groupe est composé de trois
personnes : un homme vigoureux et
deux jeunes gens, ses fils sans doute ;

1. *Fragments*, I, 9, 27.

tous trois luttent en désespérés contre
des serpents qui les tiennent enlacés.
Nous ne possédons aucun renseigne-
ment sur le terrible accident qui
coûta la vie à cette famille, et la situation géographique de Paris ne
permet guère d'admettre que des serpents de cette taille aient jamais pu y
vivre en liberté ; ceux-ci s'étaient donc
échappés sans doute de quelque mé-
nagerie, et n'ont été repris qu'après
avoir immolé ces trois innocentes vic-
times.

La statue, sculptée également dans
le marbre, représente un rémouleur
occupé à aiguiser un couperet sur une
pierre. La tête est belle et expressive;
mais nous ne saurions dire par suite
de quelle circonstance exceptionnelle
on éleva un tombeau de marbre blanc

à un homme d'une condition si humble, et qui semble avoir à peine possédé de quoi s'acheter des vêtements. Peut-être faut-il y voir le héros populaire de quelqu'une de ces insurrections politiques si chères aux Parisiens.

De l'autre côté de la rue, le déblaiement des arcades ne nous a fourni qu'une seule découverte digne de figurer dans ce rapport.

Au milieu d'une petite place quadrangulaire, gisait renversée une statue équestre en bronze. Le cheval, aux formes massives, supporte une jeune fille maigre, frêle, délicate, revêtue d'une armure de fer, et coiffée d'une couronne de laurier. Elle se tient debout sur les étriers, et sa main droite agite un drapeau. Au-devant du pié-

destal de granit, une inscription très-
courte est devenue illisible.

Ce singulier monument constitue
une énigme, dont nous avons renoncé
à pénétrer le sens.

Afin d'étudier la femme de plus
près, nous l'avons fait séparer du
cheval, et dans la cavité ainsi ou-
verte, on a trouvé ces mots tracés à
la craie : *République française. Pu-
celle d'Orléans* ; phrase inexplicable,
qui complique le problème au lieu de
l'éclaircir.

Nous eûmes à ce sujet de nombreuses conférences. Bien des hypothèses,
parfois fort ingénieuses, furent pro-
posées, discutées, écartées, puis re-
prises, approfondies de nouveau,
modifiées et enfin rejetées. Désespé-
rant d'arriver à une solution satisfai-

sante, nous avons pris le parti de faire emballer la statue, et de l'expédier à Nouméa, en souhaitant qu'elle soit soumise à l'examen de nos collègues de l'Institut.

J'ai l'honneur d'être avec respect,

de Votre Excellence,

Monsieur le Ministre,

le très-humble, très-dévoué et très-obéissant serviteur,

J. LEPÈRE,

Membre de l'Institut,
Académie des Beaux-Arts.

INSTITUT IMPÉRIAL

DE CALÉDONIE

(SECTION DES BEAUX-ARTS)

———

COMPTE RENDU

DE LA SÉANCE DU 17 MARS 4876

6.

V

INSTITUT IMPÉRIAL DE CALÉDONIE

SECTION DES BEAUX-ARTS

COMPTE RENDU ANALYTIQUE DE LA SÉANCE
DU 17 MARS 4876.

Présidence de M. Duparc.

M. LE PRÉSIDENT. La parole est à M. le rapporteur de la commission chargée d'examiner la statue équestre trouvée dans les ruines de Paris.

M. LEGENDRE, *rapporteur*. Avant de vous faire connaître les conclusions auxquelles s'est arrêtée la commission, je crois devoir vous exposer sommairement les trois hypothèses qui restaient en présence au moment où elle a prononcé la clôture de ses débats.

Suivant quelques-uns de nos collègues, la statue que vous avez sous les yeux représente une de ces femmes guerrières, connues dans l'antiquité sous le nom d'Amazones.

Mais, répondaient les adversaires de cette opinion, la statue est bardée de fer, tandis que le costume des Amazones consistait presque uniquement en une courte cuirasse. Sous un autre rapport encore, la statue est trop complète, car tout le monde sait que les Amazones se faisaient couper la mamelle droite, qui les eût gênées dans le maniement de l'arc. Enfin, aucun des mots écrits à l'intérieur du monument ne saurait leur convenir.

Cette inscription, ajoutaient-ils, doit être notre principal guide, et elle renferme en effet tout ce que nous cherchons. Si l'on rapproche les uns des autres trois passages compris dans les fragments de Thiers, de Michelet et de L. Blanc [1], on ne peut douter que les Français aient été gouvernés pendant quelques années par une femme nommée République. N'est-il pas tout naturel qu'une statue lui ait été élevée,

[1]. *Recueil général des historiens français*, IV, 9, 11; V, 7, 8; VII, 12, 3.

et qu'elle y soit représentée à cheval, revêtue d'une armure et couronnée de lauriers?

Cette seconde opinion ralliait plus de partisans que la première, sans pourtant satisfaire encore la majorité.

En admettant même, objectait-on, la réalité du fait historique, le début de l'inscription indique peut-être seulement que la statue a été érigée sous le règne de cette République, et c'est alors la seconde ligne qui doit nous fournir l'explication du problème.

Minerve, déesse de la guerre, est le plus souvent représentée armée de toutes pièces, le bouclier d'une main et la pique de l'autre. Sans doute, le casque manque : mais n'oublions pas que Minerve disputa la pomme d'or à Junon et à Vénus sur le mont Ida;

les Français, dont la galanterie était passée en proverbe, n'ont pas voulu cacher ce charmant visage sous un casque; ils ont laissé à découvert la seule beauté qu'ait jamais montrée aux mortels la chaste déesse qui punit les regards indiscrets de Tirésias en le privant de la vue, et qui conserva toujours sa virginité.

Cette troisième hypothèse, basée sur la traduction littérale des deux lignes tracées sans doute par l'artiste lui-même, s'inspire en outre des données scientifiques, historiques et artistiques les plus incontestées; c'est celle qui a prévalu au sein de la Commission.

Elle pense donc que la statue envoyée de Paris représente une Minerve, et qu'elle a été fondue dans la

ville d'Orléans, sous le gouvernement
de la reine République.

En conséquence, elle exprime le
vœu qu'une demande soit adressée à
Son Excellence M. le Ministre de
l'Instruction publique, sollicitant le
don de cette Minerve antique, pour
remplacer le buste moderne qui orne
la salle de nos séances.

Ces conclusions sont adoptées à
l'unanimité.

A SON EXCELLENCE
MONSIEUR LE MINISTRE
DE L'INSTRUCTION PUBLIQUE
DES CULTES
ET DES BEAUX-ARTS
A NOUMÉA (CALÉDONIE)

7

VI

A Son Excellence Monsieur le Ministre de l'Instruction publique, des Cultes et des Beaux-Arts, à Nouméa (Calédonie).

Paris, le 2 mars 1876.

Monsieur le Ministre,

ous avions assez tristement commencé l'année, attendant l'arrivée du *Scrutatrix* qui n'est entré en rade que le 8 janvier; mais dès le lendemain, notre vénérable doyen nous faisait connaître en séance solennelle les distinctions accordées à chacun de nous. C'est donc par l'expression de nos bien sincères remercîments que débutera cette fois notre rapport, et nous prions Votre Excellence de vouloir bien transmettre à l'Empereur l'hommage de notre respectueuse gratitude.

Les décorations accordées à l'armée lui ont été distribuées par M. l'amiral Quésitor, après une grande revue, pendant laquelle le nom de Sa Majesté a été plusieurs fois acclamé avec enthousiasme. La tribu établie sur les bords de la Seine était accourue pour jouir de ce spectacle, et ces derniers représentants du vieux monde mê-

laient bruyamment leurs cris à ceux
de nos soldats.

On ne saurait vraiment trop admirer l'intelligence de ces hommes encore à demi sauvages. Sans cesse en
contact avec nous, ils s'efforcent de
surprendre les secrets de notre civili-
sation, et se les approprient un à un
avec une rapidité prodigieuse. Plusieurs de nos procédés ont été déjà
perfectionnés par eux, et notre pays
leur est redevable de nombreuses in-
ventions, que nous nous sommes em-
pressés d'adopter.

Nos institutions politiques leur sont
aujourd'hui connues dans leurs moin-
dres détails, et ils les critiquent tout
haut. Chose étrange, dès qu'ils abor-
dent ce sujet, la passion les emporte
et la raison semble les abandonner.

7.

Ces barbares, absolument étrangers, il y a quelques mois, à notre organisation sociale, sur ce point encore nous proposeraient volontiers des perfectionnements; ils ont déjà à nous offrir deux ou trois systèmes complets, plus insensés les uns que les autres, et qui renversent toutes les idées reçues en matière d'impôts, d'instruction publique, de religion, de franchises municipales, etc., etc. Ils seraient enfin charmés de nous voir adopter le principe fondamental de leur gouvernement, qui consiste à changer de chef le plus souvent possible.

En dépit de ces aberrations et du peu de succès qu'elles obtiennent auprès de nos soldats, la petite tribu nous témoigne toujours une sympathie très-réelle, et semble suivre avec un vif intérêt le cours de nos travaux.

Ceux-ci se continuent activement, et nous avons retrouvé l'imposante nécropole où, depuis l'origine de la monarchie, étaient déposés les restes mortels des souverains français. C'est un immense palais, situé à l'extrémité du cimetière que décrit notre dernier rapport. Les étages supérieurs se sont écroulés; mais le rez-de-chaussée a presque partout supporté ce poids sans faiblir, et ses vastes salles nous ont conservé d'incomparables trésors historiques.

Deux d'entre elles renferment des cercueils de pierre, larges, massifs, et chargés d'inscriptions en caractères hiératiques. Nous y constatons que la langue sacerdotale des Français a varié avec les siècles, car plusieurs

inscriptions s'écartent du type em-
ployé sur le monolithe de la Place de
la Navigation; l'écriture en est lourde,
régulière, littérale plutôt que symbolique, mais tout aussi indéchiffrable.

Les salles contiguës sont remplies
de statues et de bustes représentant
les rois et les reines de France, dont
les corps reposent sans doute dans les
souterrains de l'édifice. Ailleurs, des
groupes rappellent les principaux évé-
nements de leur règne.

Quelques-uns de ces souverains
portent le costume des empereurs ro-
mains, mais il n'en faudrait pas con-
clure que les Français l'aient parfois
adopté. Quatre ou cinq rois seulement,
nous dit **H.** Martin [1], eurent l'in-

1. *Recueil général des historiens français,*
XII, 17, 22.

nocente manie de se faire représenter ainsi. D'autres sont presque nus :
ceux-là préféraient imiter certains
dieux des religions primitives. Les
reines elles-mêmes n'échappaient
point à ce travers. Nous savions déjà
par Jehan de Sismondi[1] que l'une
d'elles, nommée Diane, avait plus
d'une fois posé pour des statues de
cette déesse, et nous retrouvons ici les
marbres auxquels le véridique histo-
rien fait allusion.

Les Vénus sont également nombreuses, et il s'en trouve une qui l'emporte sur toutes par la hardiesse et le
fini de l'exécution. Elle est nue jusqu'à la ceinture, et son genou gauche,
un peu relevé, semble retenir seul les

---

1. *Fragments de l'histoire de Henri II*, p. 39.

mille plis de son vêtement prêt à tomber. Le torse est souple et vivant. La poitrine rappelle ces jolis vers de l'*Anthologie* :

> Voyez-vous ces veines d'azur,
> Légères, fines et polies,
> Courant sur des seins arrondis
> Dans la blancheur d'un marbre pur [1]?

La tête, noble et fière, exprime la puissance consciente d'elle-même et sûre de toujours vaincre. Les deux bras manquent malheureusement, et nous les avons cherchés en vain. M. Chevalier pense que l'on doit

---

1. A. de Musset, dans l'*Anthologie française*, II, 4, 9. — Ces vers montrent bien dans quelle grossière erreur sont tombés les scoliastes qui prétendent que les poëtes français faisaient toujours alterner les rimes masculines et les rimes féminines.

attribuer ce chef-d'œuvre au célèbre sculpteur Karpeau, qui florissait vers la fin du seizième siècle.

Pendant que nos photographes prenaient, possession de la nécropole, nous poursuivions le cours de nos recherches, et nous nous trouvions en présence de deux églises construites sur le même plan et reliées entre elles par une tour octogone. Nous avons déblayé seulement les façades, qui sont fort élégantes, et nous avons appris ainsi que l'un de ces temples était consacré à sainte Marie du Louvre. Une inscription, gravée dans la pierre et sans doute incomplète, portait, en effet, ces mots :

MAIRIE DU LOUVRE

et tous les philologues savent qu'en

vieux français l'A étymologique qui
portait l'accent se renforçait et deve-
nait la diphtongue AI ; on écrivait
donc *Bretaigne* pour *Bretagne*,
Champaigne pour *Champagne*, *Mai-
rie* pour *Marie*, etc., etc. Votre
Excellence ne l'ignore pas, la philo-
logie est devenue, de nos jours, une
science exacte au même titre que l'al-
gèbre.

Mais toutes les vérités s'enchaînent,
et le texte de cette inscription venant
confirmer les données fournies par
l'examen architectural, il nous est dé-
montré avec une rigueur mathémati-
que que le monument en question a
été élevé avant le seizième siècle de
l'ère chrétienne.

En creusant le sol au-devant de
cette église, un soldat mit à décou-

vert deux fioles en verre blanc, plus
hautes que larges, coupées à an-
gles droits, et dont nous ignorons
la destination. Près de là se trouvait
une petite médaille de plomb, qui
nous parut mériter une étude appro-
fondie.

Large de douze millimètres environ, elle a la forme d'un hexagone
régulier, et est traversée, dans le sens
de l'épaisseur, par un fil assez fort.
Sur l'une des faces figurent trois
majuscules entrelacées, que nous
croyons être un J, un V et un B ;
l'autre face présente cette inscription
mutilée :

VIN ᴚ ᴚℲ
ᴚℲ
B LL

8

les deux lettres qui composent la
deuxième ligne sont illisibles, et il n'y
a place que pour une seule lettre à la
fin de la troisième ligne.

Je tiens à le déclarer ici. Dans les
conférences employées à chercher le
sens de cette énigme numismatique,
M. Pinson émit le premier l'idée que
nous avions peut-être entre les mains
un spécimen de la médaille militaire
instituée par un des derniers Poléons
de la France [1]. Je rappelai à mon
tour que l'on employait alors fréquem-
ment le latin dans les inscriptions. Ce
fut un trait de lumière, et M. de
Grandpont s'écria aussitôt : Il faut
lire :

1. Voy. *Les Pharaons, les Sésostris et les
Poléons, rapprochements historiques,* p. 209.

VINCIT
IN
BELLO

Le doute n'était point permis.

Cette médaille avait donc brillé sur la poitrine d'un soldat, d'un guerrier français à qui la patrie rendait ce témoignage solennel . VINCIT IN BELLO, *Il est brave à la guerre !*

L'émotion me gagne en écrivant ces lignes, et c'est par elles que je veux terminer. Notre prochain rapport vous dira la voie nouvelle que nous avons adoptée depuis quelques jours, et toutes les espérances que nous nous en promettons pour l'avenir.

J'ai l'honneur d'être avec respect,

de Votre Excellence,

Monsieur le Ministre,

le très-humble, très-dévoué et très-obéissant serviteur,

L. VALFLEURY.

Membre de l'Institut,
Académie des Inscriptions et Belles-Lettres

A SON EXCELLENCE
MONSIEUR
LE MINISTRE DE LA MARINE
ET DES COLONIES
A NOUMÉA (CALÉDONIE)

8.

VII

A Son Excellence Monsieur le Ministre de la marine et des colonies, à Nouméa (Calédonie).

Paris, le 6 avril 4876

Monsieur le Ministre,

'EST le désespoir dans le cœur que je prends la plume pour rédiger ce rapport, le dernier sans doute que Votre Excellence recevra de Paris. Je ne veux cependant tenter

ici aucune justification de ma con-
duite, je ne veux me livrer à aucune
récrimination contre les hommes que
vous m'aviez donnés pour auxiliaires
et qui ont si lâchement trahi le drapeau calédonien; je dois à Votre
Excellence un récit sincère et impartial
des faits, le voici.

Depuis le commencement du mois
d'avril, j'avais remarqué parmi nos
soldats quelques tendances à la muti-
nerie; la répression fut prompte,
énergique, et pourtant inefficace. Bientôt des murmures, des menaces même
montèrent jusqu'à moi. J'interrogeai
des officiers, et leurs réponses em-
barrassées, évasives, ne m'apprirent
rien. Résolu à en finir, j'annonçai
que je passerais les troupes en revue
le lendemain.

Je couchai à bord, et vers midi j'arrivais dans l'avenue des Chefs-Illustres, où tous les corps étaient rangés en bataille.

Un spectacle navrant s'offrit à mes yeux. La plupart des hommes avaient refusé de revêtir leur grand uniforme et portaient la tenue de travail. Mêlés aux indigènes, ils riaient, chantaient, fumaient leur pipe, se passaient de main en main des bouteilles, qu'une fois vidées, ils lançaient au loin. A mon arrivée, les officiers prirent leur rang, mais ils restèrent muets et impassibles. Dès les premiers pas que je fis dans l'avenue, je fus accueilli par des hourras, des exclamations, des cris confus dont je ne pouvais deviner le sens. Il semblait que ces malheureux eussent été subitement frappés

de vertige. Je voulus parler, les cris
redoublèrent, et je parvins à distin-
guer ces phrases : Vive la République! Liberté de la presse! Droit de
réunion! A bas le capital! Suffrage
universel! Organisation du travail!
Plus d'exploitation de l'homme par
l'homme!

Je compris tout.

Je compris la faute que j'avais com-
mise en laissant mes troupes fréquen-
ter les indigènes. Mais les rêveries
politiques de ces barbares étaient si
naïvement insensées que la contagion
de pareilles folies semblait impossible.
Hélas, j'en suis convaincu aujour-
d'hui, ils ne se trompent point les
érudits qui affirment que Nouméa doit
son origine à une colonie française; la
voix du sang s'est fait entendre; il n'a

fallu qu'une étincelle pour réveiller des instincts assoupis depuis près de trente siècles!

Je ne savais à quel parti m'arrêter, quand un homme sortit des rangs et vint droit à moi.

A ses insignes, à la coquille nacrée qui resplendissait sur sa coiffure, je reconnus le chef actuel des indigènes.

— Monsieur l'amiral, me dit-il gaiement, vous voyez que toute résistance est inutile. Nous sommes huit mille hommes bien armés, et aucun étranger ne mettra plus le pied sur ce territoire, qui nous appartient; inclinez-vous devant le fait accompli et soyez des nôtres. Le règne de la tyrannie est terminé, vous lisez sur notre drapeau ces trois mots : Liberté, égalité, fraternité; ils feront avec nous le tour du monde.

Pour cela, ajouta-t-il en souriant, ce n'est pas trop d'un amiral; acceptez donc mes offres, vous conserverez votre titre, vos fonctions et votre brillant uniforme.

Indigné de cette proposition, je me retournai vers les vénérables savants que Votre Excellence m'avait donnés pour conseils, et je les interrogeai du regard.

Tous baissèrent la tête.

Le chef s'approcha d'eux.

— Monsieur Seyssel, dit-il à l'un d'eux en lui tendant la main, la place que vous avez sollicitée du nouveau gouvernement vous est accordée. Par décret signé il y a dix minutes, vous êtes nommé conservateur du monolithe de la place de la Navigation.

7 avril.

Ma dépêche d'hier a été interrompue par la visite de notre nouveau chef. Il venait me développer les idées politiques qui serviront d'assises à son gouvernement, et m'exposer les réformes sociales qu'il médite. Quelques-unes m'ont paru, en réalité, fort sensées, fort urgentes même; car, à bien des égards, les bases sur lesquelles repose la société moderne sont barbares, injustes et heureusement vermoulues. Je n'ai donc pas cru devoir lui refuser mon concours et l'appui de ma longue expérience.

D'ailleurs, à moins de regagner Nouméa à la nage, force m'est bien de demeurer ici, puisque tous mes

9

marins m'ont abandonné et que l'on
a confisqué ma flotte. Je vais en conséquence, enfermer cette dépêche dans
une bouteille bien cachetée, je la ferai
ensuite jeter à la mer, et le hasard
vous la remettra, citoyen ministre,
quand et comme il voudra.

Salut et fraternité

Amiral QUÉSITOR.

Vanitas vanitatum, vanitas vani-
tatum et omnia vanitas. Non est
priorum memoria; sed nec eorum
quidem quæ postea futura sunt erit
recordatio apud eos qui futuri sunt
in novissimo. Vidi cuncta quæ fiunt
sub sole, et ecce universa vanitas.

(Ecclesiastes.)

ACHEVÉ D'IMPRIMER

Sur les presses de E. HEUTTE et Cᵒ.

TYPOGRAPHES A SAINT-GERMAIN

Le 15 août 1875.

Pour la librairie de l'Écho de la Sorbonne

A PARIS

7, rue Guénégaud.

AMELINE DU BOURG

CHRONIQUE PARISIENNE

DU SEIZIÈME SIÈCLE

par

ALFRED FRANKLIN

In-18 jésus. Prix : 3 francs 50 centimes.

LES GRANDS

POËTES FRANÇAIS

Portraits authentiques.

Autographes. Fac-simile des éditions originales

NOTICES ET EXTRAITS

par

ALPHONSE PAGÈS.

Cet ouvrage n'est ni un Cours de Poésie française, ni un Recueil de morceaux choisis des grands Poëtes français, ni un Traité sur les textes originaux des chefs-d'œuvre de la Poésie française. Loin de vouloir faire concurrence à aucun de ces trois genres de livres, il s'efforce au contraire de leur attirer de nouveaux lecteurs; il ne vise pas tel ou tel public; non, il s'adresse indistinctement aux uns comme aux autres, il se met à la portée de tous : les savants le feuilleteront avec intérêt, à cause des documents précieux qu'il renferme; les jeunes gens et les gens du monde, habitués à ne lire, à ne voir nos grands Poètes que dans des textes, dans des portraits infidèles, parce que ces portraits, parce que ces textes ne sont que les derniers termes d'une longue série de copies prises les unes sur les autres, et dont chacune offre inévitablement avec la précédente quelque légère différence, auront le plaisir de pouvoir se faire, grâce à lui, une idée des chefs-d'œuvre de notre Poésie et de leurs immortels créateurs.

L'éditeur se propose en réalité un double but : ramener les gens du monde à la fréquentation de nos bons poètes en flattant leurs yeux par la reproduction curieuse des portraits et des textes authentiques, appeler l'attention des jeunes gens sur ces textes, sur ces portraits, dont la connaissance leur est indispensable, s'ils veulent bien comprendre les œuvres et les hommes qui sont l'objet de leurs études.

La place de cet ouvrage est dans toute bibliothèque où se trouvent les Poètes dont il donne la physionomie originale, sur la table de tout salon où l'on aime la littérature et les arts.

COMPOSITION DU RECUEIL

François Villon. — Clément Marot. — Pierre de Ronsard. — Philippe Desportes. — Mathurin Regnier. — Agrippa d'Aubigné. — François Malherbe. — Pierre Corneille. — Jean de La Fontaine. — Molière. — Nicolas Boileau. — Jean Racine. — Jean-Baptiste Rousseau. — Voltaire. — André Chénier. — Alphonse de Lamartine. — Alfred de Musset. — Victor Hugo.

Pour chaque poëte : 1° une notice biographique; 2° le *fac-simile* du portrait le plus authentique, un autographe et la reproduction d'une ou de plusieurs pages des éditions originales; 3° un choix des morceaux les plus caractéristiques ; 4° une notice bibliographique, avec liste des éditions originales, énumération des portraits, et indication des ouvrages à consulter.

Le tout formant un volume grand in-8° jésus de 432 pages tiré sur papier de luxe, avec titre en rouge et noir.

PRIX DU VOLUME BROCHÉ. . 15 FRANCS.

Envoi franco dans les mêmes conditions que ci-dessus.

www.ingramcontent.com/pod-product-compliance
Lightning Source LLC
Chambersburg PA
CBHW060640100426
42744CB00008B/1700